MORTAIN

PENDANT LA TERREUR

X. — PANIQUE ET ÉMEUTES A MORTAIN
BATAILLE ET DÉROUTE DE LA HEUSE DU TEILLEUL

XI. — LA PRISON DE MORTAIN

MORTAIN

PENDANT LA TERREUR

X. — PANIQUE ET ÉMEUTES A MORTAIN
BATAILLE ET INCENDIE DE LA VILLE DU TEILLEUL

XI. — LE DISTRICT DE MORTAIN

Par Hipp. SAUVAGE

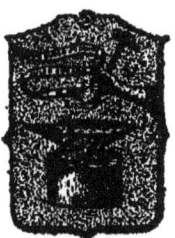

AVRANCHES

IMPRIMERIE TYPOGRAPHIQUE ET LITHOGRAPHIQUE DE JULES DURAND
RUES BOUDRIE, 2, ET QUATRE-ŒUFS, 24

—

1900

MORTAIN SOUS LA TERREUR

X

PANIQUE ET ÉMEUTES A MORTAIN

Bataille et Incendie de la Ville du Teilleul

Bien que les faits historiques, sur lesquels nous voulons fixer l'attention, soient de date relativement récente, puisqu'ils se reportent à cent années à peine, ils sont cependant entourés d'une assez grande obscurité.

Nous n'en voulons citer qu'une circonstance notable, la bataille et l'incendie du Teilleul, qui eurent un certain retentissement, et dont on ne connaît ni la date précise, ni les diverses péripéties, ni les pertes en combattants, ni les dégâts matériels, ni même les résultats. Beaucoup de chroniqueurs ont parlé de ces événements : mais il n'y a aucune concordance entre eux. De la Sicotière lui-même n'a pu que constater leurs divergences, et nous ne pouvons apporter à notre tour que bien peu de documents. Ils ont du moins le mérite de la nouveauté et leur caractère est celui de la plus complète authenticité. Jusqu'ici personne, bien probablement, ne les a consultés ; ils n'en ont que plus de prix.

Constatons d'abord qu'au Teilleul même, il n'existe ni registres de l'état-civil de 1795, ni aucuns papiers pouvant donner la moindre indication sur les désastres que nous signalons. M. le Maire de cette ville, auquel nous avions fait appel, nous a répondu, de la façon la plus aimable, à la date du 1er juin 1900, que l'administration municipale était privée de tout élément. Il nous a assuré cependant que dans l'étude unique du notaire du Teilleul il se trouvait un acte authentique, qui fixait d'une façon précise, au 14 novembre 1795, la date de l'incendie et de la bataille conséquemment. Ce même acte affirme de plus que toutes les archives des greffes de cette localité furent ce jour même la proie des flammes.

Heureusement aussi les collections de l'état-civil du tribunal civil de Mortain ont conservé le registre du Teilleul qui correspond aux années 1795 et 1796. L'un de ses actes, rédigé le 8 fructidor an IV (25 août 1796), reporte d'une façon précise et incontestable la date de l'Affaire du Teilleul au 23 brumaire précédent (14 novembre 1795). Nous sommes donc désormais fixés sur ce point.

De plus, à Mortain, les registres de la municipalité sont en fort bon ordre, et nous y avons vu que le 24 brumaire an IV, (correspondant au 15 novembre 1795), c'est-à-dire le lendemain des désastres, il y eut dans la matinée une séance d'une importance exceptionnelle à la Mairie, sous la présidence du maire Jean-Baptiste-François Bouillon. Celui-ci donna lecture à l'assemblée, vivement émotionnée, d'une lettre de Guesdon, officier de santé, annonçant le cruel événement du Teilleul, et réclamant la convocation immédiate, *au son du tambour, du conseil général de la commune*, pour aviser aux moyens de défendre la ville de Mortain et le district tout entier *des horreurs et des brigandages des chouans*. Le signataire faisait appel à des mesures énergiques et il stygmatisait la *mortelle apathie des administrateurs*.

Bouillon, maire, et Queslier, notable, reçurent tout d'abord la mission de se transporter au district, afin d'y communiquer la missive de Guesdon et d'y prendre les mesures nécessaires pour assurer la préservation de la ville et du district contre les incursions des rebelles. De plus l'ordre fut donné de convoquer le conseil général pour le même jour, à deux heures de l'après-midi.

La réunion eut effectivement lieu. Elle décida d'annoncer à Bourrée, Janin et Le Crosnier, en ce moment en mission auprès du département, à Coutances, ce qui venait de s'accomplir au Teilleul, et de solliciter, afin de mettre fin à ces brigandages, une augmentation notable de forces militaires, aussi bien du département que du général Lebley. On résolut en même temps de s'adresser directement à Letourneur, ancien député de la Manche, et récemment nommé membre du

Directoire exécutif, pour lui peindre la situation cruelle du pays : appel devait être adressé, en outre, au général Aubert Dubayet, ministre de la guerre, pour obtenir de lui des troupes en nombre et des armes pour la garde nationale. Enfin, le Directoire Exécutif lui-même dût être mis directement en demeure de secourir la contrée de Mortain. A cet effet, un délégué devait être élu pour remplir ces missions diverses auprès du Directoire et du Ministre. Guesdon obtint la majorité des suffrages. Miquelard et Champs furent chargés de dresser le mémoire de la situation de ce malheureux pays.

Mais, sous l'impression d'une très vive émotion et d'une trop grande précipitation, le procès-verbal de l'assemblée avait été inscrit au registre avant d'avoir été soumis à la sanction de la commune de Mortain ; il était entaché de nullité et sans valeur aucune.

Il fallut donc recourir à une nouvelle réunion extraordinaire du conseil général, le 25 brumaire (16 novembre 1795), et l'on était déjà au troisième jour accompli depuis celui de la catastrophe du Teilleul.

L'assemblée nouvelle arrêta :

1° D'envoyer sur le champ un délégué à la législature, c'est-à-dire au corps législatif, composé des deux Conseils des Anciens et des Cinq Cents (1), aussi bien qu'au Directoire Exécutif.

2° D'envoyer au Ministère de la guerre, pour y exposer que les habitants du district de Mortain étaient sans armes et sans munitions, et le district défendu par des forces *bien inférieures à celles dont il était besoin, puisque le bataillon des Fédérés était le seul sur le républicanisme duquel il pût compter, alors que l'ennemi se montrait en colonnes de 2.000 à 3.000 hommes, et en différents endroits à la fois.*

3° D'instruire l'autorité supérieure que ces scélérats, toujours sûrs du succès, bien servis, bien armés, bien munitionnés, désorganisaient partout les autorités constituées, brûlaient leurs registres et leurs papiers, pillaient et massacraient les patriotes et entre autres les acquéreurs des biens nationaux ; qu'enfin ces hommes se trouvaient en état de se montrer terribles et redoutables, même aux villes *et qu'ils venaient d'attaquer même*

---

(1) La Convention avait pris fin le 26 octobre 1795.

celié du Teilleul, *distante de trois lieues du chef-lieu du district* (1) *et qu'ils l'avaient réduite en cendres.*

Guesdon fut désigné comme commissaire pour remplir cette mission.

Le procès-verbal de la délibération, régulière cette fois, reçut les signatures de quatre-vingt-sept des citoyens qui y avaient pris part (1).

Cinq jours plus tard, le 30 brumaire (21 novembre 1795), Georges-Bertrand Sonnet, ancien curé de Brouains, devenu habitant de Mortain, fit parvenir au Maire de Mortain et à son Conseil, une lettre dans laquelle, en termes déclamatoires à l'usage du temps, et en rappelant l'exemple du Teilleul, il exposait ses craintes de voir Mortain devenir bientôt la proie des chouans et des flammes.

Il demandait aux magistrats quelles mesures ils avaient prises pour résister à l'ennemi s'il attaquait Mortain ? — S'ils avaient choisi une maison de chaque côté de chacune des rues, pour y placer un certain nombre d'hommes armés, afin de rendre impossible, ou tout au moins difficile, l'accès de la ville ? — Si l'on avait élevé à Mortain une seule redoute, ou même une seule palissade ?

Selon lui, l'administration n'avait pas la conscience de ses devoirs, car elle ne devait pas ignorer que les insurgés n'attaqueraient jamais la ville sans avoir à leur disposition des forces décuples et dix fois supérieures à celles de la garnison.

Sonnet regardait donc comme urgent qu'il y eut au moins 300 hommes de garnison permanente dans la ville et il constatait avec regret que l'Etat-Major et le drapeau du bataillon des Fédérés se trouvaient en ce moment à Barenton, avec des forces plus importantes que celles qui existaient à Mortain, bien que cette ville fût le chef-lieu du district.

Il terminait son réquisitoire en invitant le conseil, en son nom et en celui des habitants de Mortain, à faire sommation au général de Mars de déclarer s'il répondait de la place de Mortain, dans l'état où elle se trouvait et d'avoir à lui faire

---

(1).-Registres originaux de la municipalité de Mortain, aux dates ci-dessus.

passer à lui Sonnet, une copie certifiée de la réponse qui serait faite par le général.

Au fond, la plainte de ce personnage, disons-le, pouvait avoir quelque motif de justification en elle-même, car elle faisait remarquer que la ville pouvait se trouver attaquée et saccagée sans avoir le temps de recevoir des secours du bataillon éloigné d'elle, et dont il ne restait en la place que quelques hommes sans armes ! Mais elle ajoutait : « Je pourrais soulever le voile qui couvre les raisons de l'éloignement de ce bataillon et peut-être verrait-on quelles basses intrigues sont tentées contre l'intérêt général ! » (1) En la forme, elle était blâmable.

Elle semblait, en effet, porter de graves suspicions et contenir des insinuations dangereuses contre le général de Mars personnellement. Il y répondit aussitôt dans des termes mesurés mais énergiques d'indignation contre un pareil manque de tact, qui jetait sur lui des motifs de méfiance. Nous faisons connaître sa réponse (2). Elle nous fait ressouvenir au surplus des agissements et des luttes qui s'étaient déjà produits entre le général Le Bley et l'administration de Mortain.

Mais Sonnet furieux n'en voulant pas *démordre*, selon l'adage vulgaire et figuré, s'empressa de transmettre à Guesdon, le commissaire déjà parti pour Paris, la copie qui lui était parvenue, afin que celui-ci la mit sous les yeux du Directoire et du corps législatif.

De Mars, de son côté, pour parer le coup droit qui lui était porté, s'empressa de requérir de la municipalité de Mortain un certificat de la conduite qu'il avait tenue à Mortain depuis son arrivée. Le corps municipal composé de Bouillon, maire, Letellier, Boursin, Restout et E. Lecrosnier, le procureur de la commune entendu, lui délivra aussitôt, le 3 frimaire (24 novembre), une longue déclaration qu'il terminait par ces termes : « Nous voyons avec peine aujourd'hui qu'il a été » dirigé contre lui des accusations auxquelles nous ne connais- » sons aucuns fondements, le général Loüillot de Mars n'ayant jamais cessé de mériter notre confiance ». (3)

---

(1) Registres originaux de la Mairie.
(2) Voir aux pièces justificatives.
(3) Registres originaux de la Mairie de Mortain.

Il est à remarquer que dès le 28 octobre précédent, le général de Mars avait pris l'unique mesure possible à réaliser. Il avait agi à Mortain, comme on le fait dans les villes mises en état de siège, et provoqué un arrêté de l'assemblée municipale, faisant défense aux habitants de la cité *de sortir de chez eux après dix heures du soir et de circuler par les rues, sans être pourvus de lanternes allumées* (1).

De pareils faits ne s'étaient jamais produits, même en décembre 1793, au temps où un camp de 800 hommes existait à la Brocherie, dans la vallée de Mortain, sous les ordres du général de Beaufort. (2)

Il n'est donc pas douteux que les graves événements survenus au Teilleul, le 14 novembre 1795, avaient provoqué une véritable panique et amené plusieurs émeutes (3) à deux jours

---

(1) Registres de la Mairie de Mortain.
(2) Voir le *Bulletin* de la Société, 1899, n° p..
(³) Ce sont les seules émeutes dont nous ayons retrouvé les traces avec celles de deux autres soulèvements survenus précédemment à Mortain.

Le premier eut lieu le 7 juin 1789, lors de l'expulsion, sous prétexte d'accaparement des grains, des boulangers de Vire, qui étaient venus, comme d'usage, faire leurs approvisionnements au marché et aux halles de Mortain. (La Sicotière. De Frotté, déjà cité, t. 1er, p, 377).

Le second se produisit le samedi 5 décembre 1789, à la foire mensuelle. Ce jour-là, le commandant de la Garde Nationale et plusieurs de ses officiers se présentèrent à la Mairie accompagnés de trois *fusiliers*. Sur la plainte de leurs chefs, les trois hommes furent immédiatement examinés et au premier coup d'œil *ils parurent avoir été violemment maltraités* : ils étaient évidemment contusionnés. L'un d'eux avait *été désarmé et son fusil cassé*. La clameur publique accusait les coupables de ces violences d'être les *fauteurs et les complices du trouble* (c'est-à-dire de l'émeute) *apporté au repos public* dans la perception des droits de *coutume* et des mauvais traitements exercés sur les trois miliciens.

Le flagrant délit constatait un désarmement des gardes nationaux établis en faction et maltraités. Sur le champ, quatre des émeutiers avaient été arrêtés et conduits à la prison du bailliage. Deux étaient de Romagny, les autres de Touchet et de Chérencé-le-Roussel.

Les officiers municipaux ordonnèrent qu'ils seraient maintenus en détention, interrogés par les juges du bailliage et que leur procès serait *fait et parfait*. (Registres originaux de la municipalité de Mortain.

consécutifs dans la ville de Mortain, où la population, dès le lendemain de *cette malheureuse affaire*, s'était porté en foule à la maison commune, affolée par la terreur de voir la ville attaquée à son tour par la chouannerie et dans l'impossibilité *de la préserver contre la horde qui venait de porter le fer et le feu dans le bourg du Teilleul, dont les cendres fumaient encore.* (1)

Comme partout et toujours en pareille circonstance, chacun voulait prendre la direction des intérêts publics et faire entendre ses conseils et ses revendications à élever la voix plus haut que les autres. Des émeutes s'étaient formées : il devenait difficile de ramener le calme chez les plus exaltés : Sonnet était du nombre. Inécouté à Mortain dans ses craintes non justifiées, il avait cru se grandir en s'élevant jusqu'à la Représentation nationale à Paris, et en portant ses dénonciations jusqu'aux chefs de l'Etat.

Ses criailleries obtinrent cependant un résultat immédiat ; ce furent de nouvelles perquisitions domiciliaires, opérées le 25 novembre 1795, chez plusieurs habitants de Mortain, soupçonnés de donner asile à quelques prêtres, anciens collègues de Sonnet, que l'on supposait cachés chez eux. On n'en trouva pas un seul et Bouillon dut se retirer ainsi que ceux qui l'accompagnaient Agnès, Toullier et Le Fillâtre (2) : c'était Sonnet qui avait attaché ce grélot fêlé.

Un mois plus tard, la garnison de Mortain fut assaillie par les chouans, le 3 nivose an IV (24 décembre 1795), mais la ville était sur ses gardes, bien défendue, et les assaillants éprouvèrent une vigoureuse résistance. La nuit qui suivit cette tentative infructueuse, toute la population resta sous les armes (3). C'est à cette circonstance que se rapporte ce que nous avons déjà narré dans notre chapître 7, § 9, intitulé « *Organisation de la Défense nationale* » (4).

L'attaque était venue du côté du Neufbourg et de Romagny, vers l'ouest, et le fort du combat s'était porté vers l'Abbaye-Blanche et les Landes de la Bruyère de la Justice. Le bilan des

---

(1) Registres originaux de la Mairie de Mortain.
(2) Mêmes Registres.
(3) Hipp. Sauvage. *Recherches hist. sur Mortain.* 1851, p. 358.
(4) Voir le *Bulletin* de la Société d'Avranches. 1899, n° p. 30.

pertes pour les chouans s'éleva jusqu'au chiffre de dix-huit morts.

En définitive, Mortain fut délaissée dans l'avenir par les forces insurgées qui longtemps encore après parcoururent les campagnes ; mais le calme, avec quelques alternatives de trêves, put renaître, succédant aux vives émotions.

Mais revenons au Teilleul et à notre point de départ.

L'incendie de cette ville, dont on avait aperçu les flammes le 14 novembre 1795, des sommets de Mortain, distants de moins de quatre lieues, y avait suscité les plus légitimes angoisses. Nos documents, inexplorés jusqu'à ce jour, nous ont permis de fixer sa date d'une façon indiscutable.

Les indications étaient contradictoires et les détails qui l'avaient amené restaient obscurs. Crétineau-Joly (1) et l'abbé Deniau (2) reportaient ces événements au 13 novembre 1795. Beauchamp (3), Séguin (4), et nous-même (5), avions indiqué le 15 novembre ; Muret (6), parlait de la fin du mois, sans spécification du quantième ; M. le Faverais (7), s'était attaché au 26 et Billard (8) avait plus vaguement encore dit le mois de novembre, laissant le choix du premier jour au dernier. De la Sicotière, qui a signalé toutes ces divergences (9), a cru devoir, de son côté, adopter la date du 14 décembre, mais nous pensons qu'il y a là une simple erreur du typographe, décembre au lieu de novembre. Il est le seul qui contredise à cette fixation du mois.

Toujours est-il que voici d'après les choniqueurs ce qui se passa au Teilleul : nous pouvons ajouter à leurs récits quelques indications personnelles, car dès 1833, ou 1834, et depuis vers 1845 et 1846, on nous a répété quelques détails qui ont leur valeur.

---

(1) Crétineau-Joly *Histoire de la Vendée militaire.*
(2) Deniau. *Histoire de la Vendée.*
(3) Beauchamp. *Hist. de la Vendée.* t. III, p. 304,
(4) Séguin. *Histoire de la Chouannerie.*
(5) Hipp. Sauvage. *Recherches hist. sur Mortain.* 1851, p. 357 et 358.
(6) Muret. *Histoire des Guerres de l'Ouest.*
(7) M. Le Faverais. *Domfront.*
(8) Billard de Veaux. *Mémoires d'un chef vendéen.*
(9) *De Frotté.* Déjà cité. T. 1 p. 351 et 352.

De Frotté, à la tête de quelques centaines de chouans, se porta sur Le Teilleul, dont la garnison (1) gênait fort ses mouvements, surtout dans la direction de Domfront. Il avait avec lui Picot et Billard ; ce dernier était récemment arrivé d'une mission en Bretagne auprès de Boisguy, dans laquelle il avait fait plusieurs fois le coup de feu (2). Ils passèrent par Ducey, Les Biards, Les Loges-Marchis et Ferrières.

Sur les trois heures de l'après-midi, le 14 novembre 1795, ils entrèrent dans la ville du Teilleul, tambour battant.

Le gros de la petite armée s'attaqua aussitôt à une petite redoute palissadée, située dans la haute ville, vers la route de Gorron et dont on nous a montré les larges assises en terre. Deux cent trente-deux volontaires et une trentaine de gardes nationaux s'étaient réfugiés au centre, d'où ils ouvrirent un feu meurtrier sur les assaillants. Les chouans, en présence de cette résistance imprévue, reculèrent.

Pendant que se livrait l'action, Moulin, colonel-adjudant-major de Frotté, avec deux cents hommes, venait bloquer le centre principal de la résistance qui s'était concentrée vers la partie basse de la ville, autour de l'église, du presbytère et du bourg de Saint-Patrice, où étaient massées les troupes républicaines, qui avaient fait choix d'un large terrain plan, sur lequel elles pouvaient se développer et combattre.

Celles-ci s'étaient appuyées, comme point central, sur l'église paroissiale, et nous a-t-on dit, le combat se livra autour d'elle et même sur les tombes du cimetière qui l'entouraient. Mais les chouans ne purent en débloquer les bleus qui s'y étaient enfermés, ainsi que dans une solide maison en pierres. Ils y déployèrent une grande opiniâtreté pour les défendre, car leurs murs leur servirent de remparts.

Ce fut alors que, sans pouvoir l'empêcher, les républicains virent les hommes de Frotté mettre le feu aux habitations et à un certain nombre de dépendances rurales qui reliaient le bourg de Saint-Patrice à la ville haute du Teilleul, et qui pour la

---

(1) Elle comprenait notamment une compagnie de la 6ᵉ demi-brigade des Vosges, dont faisait partie N... Roguier. Titres vus par nous chez son fils.

(2) Billard de Veaux. *Mémoires*, cités.

majeure partie longeaient la route qui les joignait ensemble.

Ce qui est positif, c'est qu'on nous a toujours assuré que le fort du combat s'était porté là uniquement.

Depuis cette époque, on n'a relevé que peu de constructions dans cette ligne. Quant au groupe central de la vieille et antique cité, il n'eut à subir presqu'aucune avarie et l'on y remarque encore de très anciennes maisons, en assez grand nombre.

Par un hasard étrange, la maison Sequard, l'un des patriotes les plus prononcés, fut épargnée par le feu ; tandis que celle de la veuve H..., considérée comme la complice des chouans, fut consumée la première.

Le presbytère et le château de Saint-Patrice, aujourd'hui nommé La Chérulière, qui se trouve un peu à l'écart, restèrent indemnes.

Une fois l'incendie allumé par eux, les royalistes se retirèrent sans être inquiétés aucunement. Il dura plusieurs jours, assure-t-on, et dévora un nombre considérable de maisons : plus de 300 malheureux se trouvèrent sans asile. La perte matérielle fut estimée à 218.296 francs, valeur de 1790 (1). Ce chiffre était de beaucoup supérieur à celui de 15.000 francs qui fut accordé pour l'indemnité du désastre de Tinchebray, où, le 29 mars 1795, 120 maisons avaient été également la proie des flammes, pendant le siège de cette ville, qui pendant huit siècles avait fait partie du comté de Mortain (2).

La Sicotière a rappelé que le premier rapport, envoyé sur l'affaire du Teilleul, ne parle que de 60 bâtiments détruits. Celui du district de Mortain en porte le nombre à 80, sans compter les étables et les dépendances. Un autre document le fixe à 138 maisons, et un dernier à plus de 200. On trouve même dans l'un de ces documents que « *le feu aurait été mis dans 40 endroits à la fois.* » Enfin, le général Dutertre, qui avait commandé à Mayenne, et croyons-nous à Domfront, ose parler de 500 maisons brûlées et de 300 patriotes tués (3).

---

(1) La Sicotière. *De Frotté*, déjà cité, t. 1, p. 352.

(2) Caillebotte, *Essai sur Domfront*, 3ᵉ édition, p. 111. — H. Sauvage, *Recherches sur Mortain*, 1851, p. 357, note 3.

(3) Dutertre, *Quelques réflexions sur la guerre de la Vendée et des Chouans*, 21 ventose, an IV (11 mars 1796), in-8ᵒ de 21 pages.

Les mêmes incertitudes règnent sur le nombre des victimes de la lutte.

Il est positif que les républicains perdirent un bon nombre des leurs. Beauchamp et Moulin parlent de 80 hommes tués : chiffre exagéré selon La Sicotière (1). Le premier rapport de l'administration municipale indiquait 3 morts ; le second 4 ou 5. Les administrateurs de la Manche et le Ministre de la guerre, qui étaient loin des lieux et effrayés peut-être par les membres du district, angoissés par la peur, déclarent que « *la garnison a été sabrée en partie.* »

Moulin, le lieutenant de Frotté, avoue 28 hommes, et autant de blessés, du côté des chouans (2). Ils eurent à regretter beaucoup de leurs meilleures recrues, particulièrement dans la compagnie des dragons déserteurs. De plus, ils perdirent Du Laurent, qui était de Mortain, et qui commandait le bataillon de Saint-Jean-des-Bois, ainsi qu'un transfuge du nom de La Brisée, connu dans toute leur armée par sa bravoure et par son dévouement au général de Frotté, qu'il suivait partout. Billard reçut un coup de feu à l'épaule gauche, tiré de si près que le feu prit à son uniforme et qu'un de ses camarades, Alexis Du Gast, dut l'éteindre avec la main. Dufay, capitaine dans le bataillon de Saint-Jean-des-Bois, eut le pied traversé d'une balle (3).

Tout porte à croire que ces derniers purent emporter leurs morts et leurs blessés.

D'après les registres de l'état-civil, deux décès seulement de toutes ces victimes furent rédigés. D'abord celui de La Touche de Ferrières, *tué à l'affaire du Teilleul, le 23 brumaire*, et encore l'acte n'en fut-il écrit que huit mois plus tard, et seulement le 25 août suivant (8 fructidor, an IV).

Mais il est probable que le second décès qui nous est signalé se rattache aux mêmes circonstances. Pour celui-ci, il s'agit évidemment de la mort d'un bleu, de Etienne Mongodin, âgé de 45 ans, trouvé mort des coups reçus par lui du fait des chouans, le 24 brumaire, an IV, dans une pièce de terre du village Des Grippes.

(1 et 2) La Sicotière, *De Frotté*, déjà cité, t. 1, p. 351, note 3.
(2) La Sicotière, déjà cité, p. 352-353.

Enfin, Jean Fiault et Jacques Breillot périrent également, tués par les chouans, mais dans d'autres circonstances. Le premier, âgé de 51 ans, fut tué à son domicile, au village de Poué, au Teilleul, le 16 avril 1796, à huit heures du soir. Le second, âgé de 43 ans, demeurant au Grand-Champ, commune du Teilleul, fut trouvé mort sur la route de Vire à Mortain, dans la commune de Saint-Christophe, le 17 juin 1796 (1).

La direction que suivit l'armée de Frotté, après sa retraite, fut celle des Hautes-Noës, en Saint-Cyr-du-Bailleul ; elle emmenait avec elle un officier de santé pour soigner ses blessés.

Quant au résultat final en lui-même de l'affaire du Teilleul, il est resté obscur et incertain, comme tout ce qui l'entoure.

Beauchamp, dans ses premières éditions, suivies par Séguin, par Crétineau-Joly, par M. Le Faverais et par nous-même, dit que les républicains finirent par être débusqués de leurs postes et mis en fuite. Mais, dans sa dernière édition, il est revenu sur ses premières allégations et il reconnaît que les républicains retranchés dans l'église de Saint-Patrice n'y purent être forcés.

Muret et M. le chanoine Dumaine font le même aveu.

D'après Billard, l'attaque du Teilleul fut un véritable échec pour l'armée royale : Moulin en convient également et tel est aussi le sentiment de La Sicotière.

Autour de De Frotté, on murmura surtout contre l'imprudence et contre la témérité qui lui avait fait attaquer Le Teilleul sans artillerie, et combattre des troupes couvertes par des retranchements et des murailles solides, et tirant presqu'à couvert. Du reste, dans toutes ses campagnes, ce même reproche lui fut constamment adressé, aussi bien qu'aux combattants de la grande armée de la Vendée, qui n'avait qu'une unique pièce de canon, la célèbre Marie-Jeanne.

Cependant, en présence d'un incendie considérable portant le dommage causé à 218.000 francs, dont le chiffre pourrait être triplé aujourd'hui, et de 300 malheureux jetés à la belle

---

(1) Nous tenons à remercier ici M. le Greffier du Tribunal de Mortain d'avoir bien voulu aimablement nous communiquer ces renseignements intéressants.

étoile, sans foyer comme sans asile, en calculant l'audace de leurs adversaires qui les menaçaient des mêmes vengeances, et qui avaient déjà mis le feu à Tinchebray, aussi bien qu'au Teilleul, en ressentant l'effroi dont ils avaient été pénétrés et en comprenant qu'ils étaient insuffisamment armés pour la résistance, le gouvernement et l'administration du district de Mortain n'osèrent jamais se targuer d'une victoire sans discussion.

Hippolyte SAUVAGE.

XI

LE DISTRICT DE MORTAIN

Qu'on nous permette maintenant de revenir à quelques années en arrière de l'époque dont nous avons esquissé les principaux événements, et qui a pris dans l'histoire le nom de période de la Terreur : celle-ci coïncide en grande partie avec la durée du mandat de la Convention, qui siégea du 21 septembre 1792 au 26 octobre 1795.

Nous en profiterons pour parler des origines de la Révolution, qui, sous l'impulsion de l'Assemblée, ouverte à Versailles le 5 mai 1789, sous le nom d'Etats-Généraux, décréta l'abolition du régime féodal, dans la fameuse nuit du 4 août, et remplaça les anciennes provinces françaises, par 83 départements, subdivisés en districts (1) et en cantons.

Les lettres du roi Louis XVI, promulgant la convocation des Etats-Généraux avaient été accueillies à Mortain par un enthousiasme sans bornes. Les documents du temps constatent que la population s'y répandit partout en *bénédictions pour le souverain qui puisait sa force dans la nation*. Elles furent lues publiquement et enregistrées au bailliage de Mortain le 27 octobre 1788 (2).

Peu de jours après, le 9 novembre, une messe solennelle d'actions de grâces, suivie d'un *Te Deum*, fut chantée à cette occasion dans l'antique collégiale. Tous les magistrats de la ville, tous les membres du corps judiciaire y assistèrent avec le collège des avocats attachés au bailliage, alors au nombre de 48, *qui avait donné les preuves les plus éclatantes de fermeté et d'attachement aux lois fondamentales et constitutionnelles de l'Etat* (3). Le même jour, 800 livres de pain furent distribuées aux pauvres : le soir les édifices publics et la ville entière furent illuminés et la nuit se passa en sérénades et aux cris de *Vive le Roy, Vive le Parlement* (4).

---

(1) Les districts ont été appelés plus tard arrondissements.
(2) Minutes du bailliage de Mortain, aujourd'hui aux archives de Saint-Lo. — H. Sauvage, *Recherches sur Mortain*, 1851, p. 351.
(3) Minutes, mêmes indications et mêmes sources.
(4) Registres des délibérations, à la bibliothèque de Mortain. — Sauvage, *id.*, p. 352.

Les collèges électoraux se réunirent à Mortain, en mars 1789 ; ils devaient nommer leurs délégués pour concourir à Coutances à l'élection des députés à l'assemblée. Le chapitre de la collégiale désigna Etienne Le Painteur, chanoine prébendé de Touchet, et le tiers-Etat fut représenté par Homo Des Vallées, Guesdon de Beaumont, avocat, et Le Sacher de la Palière, également avocat. L'ordre de la noblesse du comté de Mortain dut déléguer entre autres Charles-Guy-Bonaventure Achard, seigneur de Bonvouloir, chevalier de saint Louis, major au régiment de Médoc, puis lieutenant-colonel au régiment de Neustrie, demeurant à Romagny, à son château de Chancey.

A Coutances, ce furent François Becherel (1), curé de Saint-Loup, et Le Sacher de la Palière qui furent définitivement élus.

C'est rappeler que ces élections furent à deux degrés.

Nous ignorons quelle influence chacun de ces représentants put avoir à l'assemblée. Mais ce que nous tenons à faire ressortir ici d'une façon éclatante, c'est le rôle prépondérant qu'y remplit Le Sacher de la Palière lorsqu'il fut question de la promulgation de la loi du 22 décembree 1789, qui établissait la division de la France en départements et qui contenait l'attribution des chefs-lieux de district de la Manche. Notre département en compta sept qui furent : Avranches, Coutances, Cherbourg, Valognes, Carentan, Saint-Lo et Mortain. Carentan a depuis été annexé à l'arrondissement de Saint-Lo.

On avait jusque-là redouté très sérieusement à Mortain que l'assemblée désireuse de conserver l'homogénéité de l'ancienne division du diocèse d'Avranches ne voulut en faire un seul et unique district. Mais Le Sacher fit valoir avec talent ces considérations que le Mortainais et l'Avranchin, proprement dit, avaient des usages et des mœurs parfaitement distincts ; qu'il n'y avait jamais eu entre eux d'assimilation que sous le rapport religieux qui les avait unis sous la même crosse pastorale des évêques d'Avranches, qui les avaient dirigés sans peine ; que depuis des siècles, au point de vue civil et judiciaire, leurs dissemblances et leurs coutumes, étaient essentiellement caractérisées ; que le langage même des populations était différent ;

---

(1) Plus tard Becherel fut élu évêque de Coutances, puis nommé à Valence. Nous possédons son portrait exécuté à cette époque.

que d'ailleurs le chiffre de leurs populations et celui de leurs étendues territoriales donneraient à un seul district une importance trop grande, puisqu'il absorberait à lui seul le tiers du département entier en étendue. Ces raisons prévalurent.

À la réception d'une dépêche arrivée de Paris, *les deux communes des paroisses de la ville de Mortain* furent aussitôt convoquées extraordinairement, le 22 décembre 1789, pour entendre la lecture d'une lettre de Le Sacher de la Palière, leur député à l'Assemblée nationale.

Cette bonne nouvelle provoqua une émotion et une allégresse indescriptibles : c'était naturel.

La réunion, séance tenante, arrêta les résolutions suivantes, contenues en un procès-verbal consigné au registre municipal et dont nous respectons les termes textuels :

« Considérant les soins et les fatigues que M. Le Sacher de
» la Palière a bien voulu se donner pour surmonter les obstacles
» qu'il a éprouvés, dans une entreprise dont le succès est si
» heureux pour la ville de Mortain et pour toute l'étendue de
» son bailliage ;

« Les communes ont arrêté, par acclamation et ensuite à
» l'unanimité :

« Que M. Le Sacher serait remercié de tous ses soins efficaces ;

« Qu'il lui serait offert particulièrement l'hommage de la
» vive reconnaissance de tous les habitants de la ville, qui
» aiment à se persuader que l'avantage pour la ville d'être
» district est dû au zèle et au génie de son député ;

« Qu'il y aurait, dès ce soir, une illumination générale en
» l'honneur de l'Assemblée Nationale et de M. Le Sacher ;

« Qu'il serait chanté, dimanche prochain, une messe en
» musique avec un *Te Deum* en actions de grâces ;

« Qu'il serait allumé des feux de joie sur la place publique,
» la troupe assemblée sous les armes, et qu'il y serait dressé
» une pyramide portant pour inscription : *Vive l'Assemblée
» Nationale, Vive le Roi, Vive Le Sacher de la Palière ;*

« Qu'il serait fait le soir une illumination générale ;

« Que MM. les Électeurs du bailliage de Mortain seraient
» invités de se réunir ce jour-là, aux communes de la ville,
» pour y faire ensemble une adresse de remerciements à
» M. Le Sacher ;

« Qu'enfin, des adresses de remerciements lui seront envoyées
» en original, après avoir été inscrites sur les registres de la
» Municipalité, pour y servir de monument d'une recon-
» naissance éternelle. »
» Suivent 68 signatures. »

Malgré l'expression de reconnaissance éternelle employée au nom de la population Mortainaise par les signataires de ce procès-verbal, nous doutons que l'on se rappelle à qui est due en majeure partie l'existence de l'arrondissement de Mortain. Nous avons donc désiré rendre un dernier hommage à la mémoire de ce magistrat qui sut se dévouer pour son pays d'adoption, en rappelant les souvenirs de son existence généreuse et qui fut utile à ses contemporains. Son nom mérite d'être inscrit aux premiers rangs sur le livre d'or de Mortain.

Trois frères Le Sacher se trouvaient dans la ville de Mortain aux dix dernières années du xviiie siècle. Ils se distinguaient entre eux par les noms des terres qu'ils possédaient : La Palière, La Gonterie, et Le Mezeray (1).

Les divers arrêtés pris par Bouret, député envoyé en mission à Mortain, le 16 janvier 1794 (2), nous indiquent ces trois frères : Denis-Gabriel Le Sacher de la Palière, Jean-Victor Le Sacher de la Gonterie (3), et Julien Le Sacher du Mezeray, qui obtinrent de lui, le premier la présidence du tribunal du district, le deuxième une place au comité de surveillance et le troisième le titre d'assesseur de la justice de paix urbaine.

La Gonterie s'était consacré à l'art militaire. Le 24 décembre

---

(1) La Palière est située à Romagny, près de la route nationale de Mortain à Saint-Hilaire-du-Harcouët, entre les villages des Quatre-Mazures et de la Giffardière. — La Gonterie se trouve en la paroisse de Husson, canton du Teilleul. — La situation du Mezeray nous est inconnue.

(2) Voir la *Revue de l'Avranchin*, année 1900, n° 1, p. 8.

(3) Nous avons connu sa veuve qui habitait chez les Religieuses Ursulines de Mortain, où elle est morte. Nous avons eu aussi des relations avec le fils de cette dame qui demeurait à Husson.

(4) Nous avons connu également du Mezeray. Il était de très petite taille.

1789, il avait les épaulettes de capitaine de la Milice nationale de Mortain, dont de La Chambre de Vauborel et Anfray de la Cotentinière étaient les commandants en chef et en second.

Du Mezeray devait être docteur-médecin. Le 3 septembre 1789, il fut élu officier municipal à Mortain, pour y représenter la subdivision du Rocher. Peu de mois après, le 26 janvier 1790, avec l'abbé Boursin, Béchet de la Mortière, Porphyre-Jacquemont et Durand, il fut de nouveau maintenu dans cette fonction. Le 6 floréal, an VI, (25 avril 1798), il fut proclamé président de l'Assemblée primaire du canton de Mortain en remplacement de Guesdon, démissionnaire, qui venait d'être élu député au Corps législatif.

L'année suivante, jour pour jour, il dut procéder à l'installation d'Esnoul, nommé pour lui succéder.

Le 30 août 1792, des passeports avaient été délivrés à la Mairie de Mortain à Denis-Gabriel Le Sacher de la Palière et à Julien Le Sacher du Mezeray, pour se rendre à Coutances (1).

Quant à Le Sacher de La Palière, les mandats qu'il reçut de ses concitoyens furent beaucoup plus importants et son rôle fut plus considérable que celui de ses frères. Tous devaient être nés à Paris et nous ignorons les circonstances qui les avaient amenés à Mortain, où tous habitèrent.

Denis-Gabriel Le Sacher de La Palière s'était fait inscrire comme avocat sur la liste du bailliage de cette ville. Aussitôt il y fut remarqué par son influence prépondérante. Effectivement il fut bientôt député à l'Assemblée des Etats-Généraux par les électeurs du bailliage de Coutances : il y représenta le Tiers-Etat. Ouverte à Versailles, le 5 mai 1789, elle se forma en Assemblée Constituante, le 17 juin suivant.

Le Sacher apposa sa signature au Serment du Jeu de Paume, le 20 juin, et accompagna le roi Louis XVI, lors de son entrée à Paris, le 16 juillet. Il fut membre du Comité féodal, le 9 octobre 1789, et demanda un congé qu'il obtint le 15 juin 1790 (2).

Dès le 3 septembre 1789, à la première organisation des

---

(1) Registres originaux de la Mairie de Mortain.
(2) Procès-verbaux de l'Assemblée Constituante.

Municipalités françaises, il fut élu Maire de Mortain, par acclamation. Il a donc été le premier maire de cette ville. Mais son éloignement ne lui permettant pas d'exercer ses fonctions, il voulut démissionner et, le 26 janvier 1790, il fut remplacé par Duhamel.

A la fin de cette même année, Le Sacher, Lemoine de Villeneuve, Le Rebours, Boutry et Duhamel étaient nommés juges au tribunal du district de Mortain et leurs commissions, datées de Paris, le 8 novembre 1790, étaient déposées sur le bureau du Conseil général de la commune de Mortain. Leur installation eut lieu le 15 décembre, en présence des officiers municipaux de Mortain, aussi bien que de ceux de Vire et d'Avranches, qui en avaient reçu l'invitation. Le Sacher de La Palière fut choisi par ses collègues pour être leur président.

Le 16 janvier 1794, le proconsul Bouret le maintint dans ce titre, tandis qu'il révoqua tous les juges de leurs sièges.

Après quelques années d'exercice, il fut appelé comme juge au tribunal du département de la Manche, qui siégeait à Coutances (1). Il n'abandonna jamais cette fonction.

Enfin, il mourut à Romagny, le 23 mai 1799, dans son habitation pittoresque de la Fieffe Mabire, qu'il avait fait construire dans la vallée enchanteresse de la Cance, sur le versant d'une colline couronnée de rochers abrupts, en face de l'ancienne forteresse et du vieux donjon des comtes de Mortain (2). Cette demeure de laquelle dépendait la petite cascade torrentueuse, qui a mérité aux sites voisins de la ville leur réputation de Suisse normande, a été détruite lors de la confection du chemin de fer de Vire à Fougères, et avec elle a disparu le dernier souvenir qui rappelait toujours le nom de cet homme de bien que fut Le Sacher de la Palière.

Hippolyte SAUVAGE.

---

(1) Registres originaux de la Mairie de Mortain.

(2) Le donjon existait encore au temps de Le Sacher. Semblable à celui de Domfront et carré comme lui, il n'a été démoli qu'en 1793. La dernière tour de la forteresse du XIe siècle fut abattue dans la semaine de Pâques de l'année 1838.

PIÈCE JUSTIFICATIVE

ORIGINAL AUX ARCHIVES MUNICIPALES DE LA VILLE DE MORTAIN (ANNÉE 1795)

Mortain, le 1ᵉʳ Frimaire, an IV.

Le Général de Mars, aux Officiers municipaux de Mortain.

J'ai reçu, citoyens, la lettre que vous m'avez écrit hier, dans laquelle était jointe une pièce, signée Sonnet, que je vais de suite faire passer au Général Le Bley, dont la réponse servira de base à celle que je vous adresserai en conséquence.

Je ne puis m'empêcher de vous observer que la place de Mortain n'est nullement susceptible d'être palissadée ; que les redoutes sont pareillement inutiles, puisque cette place est commandée par deux côtés, et que ce n'est que le rassemblement des troupes que j'ai demandé plusieurs fois, qui peut mettre Mortain à l'abri d'un coup de main.

D'ailleurs, venant de rétablir les principales communications de Mortain avec Domfront et Avranches, je crois avoir fait tout ce qu'il m'était possible de faire.

Je vous invite donc à rappeler à l'ordre tout citoyen qui chercherait à provoquer la méfiance sur mes opérations militaires que j'ai soumises à mes chefs et à qui je dois seulement compte de ma conduite, qu'ils ont approuvée.

Salut et fraternité.

Le Général de brigade,
LOUILLOT DE MARS.

Imprimerie Avranchinaise de Jules Durand, rue Boudrie, 2, Avranches

www.ingramcontent.com/pod-product-compliance
Lightning Source LLC
Chambersburg PA
CBHW070545050426
42451CB00013B/3182